BENEDITO NUNES

a paixão de clarice

CADERNOS ULTRAMARES

ORGANIZAÇÃO E PROJETO GRÁFICO

Marcos Lacerda, Ana Paula Simonaci e Sergio Cohn

CONSELHO EDITORIAL

André Botelho

Bernardo Esteves

Boaventura de Souza Santos

Evelyn Goyannes Dill Orrico

Fréderic Vanderberghe

José Luis Garcia

Maria João Cantinho

Renato Rezende

Teresa Arijón

Vagner Amaro

ISBN 9786586962451

azougue press |

coordenação geral Sergio Cohn

coordenação editorial

Sergio Cohn — Darien Lamen — Cristián Jiménez Plaza

Brasil | CNPJ 12.272.339/0001-26

Portugal | Oca Editorial NF 515805394

USA | E. Id. 803650511

Chile | Tucán Ediciones RUT 77.369.106-1

A proposta dos Cadernos Ultramares é transpor fronteiras. Não apenas geográficas, com a edição de um amplo panorama do pensamento brasileiro para o público português, mas também entre as áreas do saber, criando uma coleção transdisciplinar, acessível não apenas para leitores especializado, pesquisadores e acadêmicos, como para interessados em geral.

Para isto, os Cadernos Ultramares privilegiam a leveza do ensaio, a "brigada ligeira", utilizando-se de um gênero marcado pela abertura e experimentação, uma forma privilegiada para a proposição e a apresentação de interpretações da cultura e da sociedade. Nos últimos anos, o gênero ensaio tem sido revalorizado como um importante meio de diálogo entre a pesquisa acadêmica e a sociedade.

O Brasil possui uma produção riquíssima de pensamento em diversas áreas, que vão da física à antropologia, da matemática às artes. Os Cadernos Ultramares, ao trazerem importantes textos de alguns dos nossos mais renomados pensadores, sejam clássicos ou contemporâneos, busca possibilitar ao leitor um olhar amplo e qualificado sobre essa produção.

Interessa-nos a constituição de um diálogo entre áreas, de uma conversa aberta que escape das armadilhas do pensamento especializado e do produtivismo acadêmico. Interessa, antes de tudo, a valorização do encontro do leitor com o sabor do texto, do prazer da leitura e da troca livre de pensamento.

apresentação

POR marcos Lacerda

Benedito Nunes (1929-2011) foi filósofo e crítico literário, daqueles que atuavam no limiar entre a filosofia e a literatura, seguindo de perto muito do ensinamento dos filósofos do romantismo alemão, que aproximavam poesia da filosofia, de Heidegger e Nietzsche, entre outros. Leitor arguto do melhor da filosofia ocidental, dos clássicos aos modernos e contemporâneos, sempre atento à importância da alta literatura para a criação do pensamento, Nunes teve como uma das suas autoras principais Clarice Lispector, uma das mais importantes escritoras da literatura moderna brasileira. Mas, claro, além de Clarice, o nosso autor também escreveu importantes ensaios sobre Fernando Pessoa ("Poesia e filosofia na obra de Fernando Pessoa", 1974), Rilke ("A gnose de Rilke", 2009), Carlos Drummond de Andrade ("Carlos Drummond: a morte absoluta", 2009), além dos livros sobre João Cabral de Mello Neto ("João Cabral: a máquina do poema", 2007) e Heidegger, "Passagem para o poético:

filosofia e poesia em Heidegger" (1986), sem contar o belo depoimento "Meu caminho na crítica" (2005), entre muitos outros, abrangendo um amplo leque, sempre com uma visada cosmopolita e com fina erudição.

Para a coleção Ultramares, foram selecionados dois ensaios, sobre Clarice Lispector: "A paixão de Clarice" (1986) e "A escrita da paixão" (2009). Em ambos, o tema da paixão atravessa a análise da obra dela, com especial atenção para o seu principal romance: *A paixão segundo G.H.* Partindo da concepção de "força de leitura" como expressão de uma leitura viva que faz aparecer um "momento verdadeiro" da literatura como paixão, cunhada por Roland Barthes, Benedito Nunes propõe uma ampliação dessa noção a partir da noção de "força de escrita", como uma "escrita da paixão", justamente o título do segundo ensaio aqui selecionado. Nunes apresenta uma sintética e precisa genealogia do tema da paixão na filosofia ocidental, começando por Platão e Aristóteles, passando pelos estóicos, modernos e contemporâneos, a paixão como pathos em oposição, ora irredutível, ora complementar, ao logos e a phronesis, denotando a sua presença como tema central na filosofia. No caso da literatura e, em especial, no caso da nossa autora, cuja narrativa moderna estava assentada no "fluxo de consciência", os sentidos da paixão sempre atuaram através dos seus personagens, em diferentes dimensões, seja como ira, cobiça, vaidade, amor, ódio, repulsa, atração, delírio, desejo, pecado, santidade, alegria, dor; em sentimentos contraditórios como o sofrimento gozoso, o horrível mal-estar feliz. Como região contraditória e ambivalente da experiência humana e até mesmo não-humana, a paixão atravessa as ambiências e a mente dos seus personagens a ponto de gerar, em alguns casos, uma zona anônima, indiferenciada, impessoal, imersa numa totalidade sem sentido totalizante, despersonalizando radicalmente identidades que tinham algum equilíbrio, mesmo que difícil e superficial.

Esta despersonalização e imersão numa totalidade sem sentido totalizante ganha um tom radical em *A paixão segundo G.H*, a ponto de a personagem, grafada de forma enigmática como G.H, identificar-se com uma identidade não especificamente humana, a "vida", que compartilha com o inseto que esmaga no início do texto, cujo olhar faz irromper a estranha e fascinante sensação de descoberta do Ser, o em si, sem o para si, despido da subjetividade individualizante. O horror mistura-se ao fascínio envolvido numa dimensão impessoal e dispersa. Condição social, figuração psicológica, gênero e cor da pele passam a ser fantasmagorias sem significado, demasiado humanas, demasiado superficiais diante do encantamento terrificante do Ser em sua face assustadoramente real. A experiência da personagem, que se mistura à narradora, tem algo de místico, êxtase insituável, conferindo aos textos de Clarice um lugar a parte na literatura brasileira e, quem o sabe, até mesmo mundial. Serão escritos literários? Relatos de iluminações de cunho místico? Filosofia da linguagem em seu estado bruto, como limite e esgarçamento da palavra? Em suma, a trajetória de G.H recusa-se a se encerrar no ficcional, como o disse um outro ensaísta e crítico literário de peso, Luis Costa Lima. É neste sentido, por fim, que podemos falar numa "escrita da paixão", uma escrita própria, capaz de expressar esta trágica, bruta, mas também bela, experiência humana e não-humana, da paixão.

a paixão
De CLaRice

I

A espécie de reversão dialética do Tempo que ocorre em todas as formas de atividade humana, e pela qual o fim de um processo esclarece o seu princípio, suspendendo a dispersão dos momentos durante os quais se efetuou e revelando-lhe o curso imanente, opera-se, de maneira particular, nas obras artísticas e literárias. Embora já se pudessem perceber delineamentos comuns aos seis romances — *Perto do coração selvagem, O lustre, A cidade sitiada, A maçã no escuro, A paixão segundo G.H.* e *Uma aprendizagem ou o livro dos prazeres* —, bem como às dezenas de crônicas e contos de Clarice Lispector reunidos em *Laços de família, A legião estrangeira* e *Felicidade clandestina*, para citar só as mais importantes coletâneas de nossa autora, é *A hora da estrela*, o último livro que ela publicou dois meses antes de morrer, o arremate clarificador, a partir do qual podemos distinguir a linha direcional do processo de criação literária que estabelece a coesão de tantos escritos diferentes na unidade múltipla de uma só obra. Permiti-me, pois, que começando a falar-vos, um tanto abruptamente talvez, de *A hora da estrela*, principie esta exposição dedicada a Clarice Lispector por onde deveria concluí-la, isto é, no ponto em que cessou a vida da escritora e a sua obra se completou.

A hora da estrela é uma narrativa que comporta duas histórias diferentes, entrelaçadas, e dois narradores geminados, um postiço, Rodrigo S.M., que assim se apresenta como sendo o autor do livro, e outro, o autor declarado, cujo nome figura na capa e na folha de rosto, isto é, Clarice Lispector, a própria escritora, como daqui por diante passaremos a designá-la. A primeira história é a vida de uma moça nordestina, que Rodrigo S.M. se propõe a contar, levado por uma necessidade compulsiva, desde o momento em que a viu casualmente:

> É que numa rua do Rio de Janeiro peguei no ar de relance o sentimento de perdição no rosto de uma moça nordestina. Sem falar que eu em menino me criei no Nordeste. Também sei das coisas por estar vivendo. Quem vive sabe, mesmo sem saber que sabe. Assim é que

os senhores sabem mais do que imaginam e
estão fingindo de sonsos.

Esses senhores a quem se dirige, estão fora do livro: somos nós, leitores, os sonsos da imaginação, epíteto equivalente ao *"hypocrite lecteur"*, da conhecida invocação de Baudelaire no poema inicial de *As flores do mal.* Mas também está fora do livro, quando ele se inicia, a moça nordestina, personagem que deverá entrar em cena num determinado momento e configurar-se por inteiro, nascendo de uma história, da qual o autor não sabe o inteiro desenvolvimento antes de começar a contá-la, à medida que o texto se escreve:

> Como que estou escrevendo na hora mesma em que sou lido. Só não inicio pelo fim que justificaria o começo — como a morte parece dizer sobre a vida — porque preciso registrar os fatos antecedentes.
>
> A história — determino com falso livre-arbítrio — vai ter uns sete personagens e eu sou um dos mais importantes deles, é claro. Eu, Rodrigo S.M. Relato antigo, este, pois não quero ser modernoso e inventar modismos à guisa de originalidade. Assim é que experi-

mentei contra os meus hábitos uma história com começo, meio e "grand finale" seguido de silêncio e de chuva caindo[1].

Inclui-se portanto entre os personagens o próprio narrador, que ora se referirá a Macabéa — assim se chama a moça nordestina —, ora a ele próprio, cuja vida se define em função dela, dos embaraços, dos cuidados e sentimentos que a personagem lhe inspira, e com isso interrompendo-lhe a história, entrecortada de comentários e digressões, e que evolui, hesitante, em pequenos surtos episódicos. Já pelo nome, Macabéa, abreviado em tom familiar para Maca, nome inviável que "até parece doença, doença da pele", a moça inexpressiva, criatura sem graça nem encantos pessoais, desvalida, solteira e solitária, obtusa e enfermiça, comerciária de profissão, pertence à estirpe dos seres desamparados, frágeis e carentes, peculiar à obra da ficcionista.

> O que escrevo é mais do que invenção, é minha obrigação contar sobre essa moça entre milhares delas. É dever meu, nem que seja de pouca arte, o de revelar-lhe a vida[2].

1 *A hora da estrela*. Rio de Janeiro: José Olympio, 1977, p. 17.
2 Idem, pp. 17-18.

Sei que há moças que vendem o corpo, única posse real, em troca de um bom jantar em vez de um sanduíche de mortadela. Mas a pessoa de quem falarei mal tem corpo para vender, ninguém a quer, ela é virgem e inócua, não faz falta a ninguém. Aliás — descubro eu agora — também eu não faço a menor falta, e até o que escrevo um outro escreveria. Um outro escritor, sim, mas teria que ser homem porque escritora mulher pode lacrimejar piegas[3].

A segunda história, que aparece em função da primeira, mas que a esta origina e sustenta, é, já o sabemos, a do próprio narrador imaginário. Ao refletir porém a sua vida na da nordestina, acaba por tornar-se dela inseparável, embora ele e a personagem permaneçam distintos num confronto aflitivo, dentro da mesma situação que os une e separa. Essa situação é a narrativa que está sendo feita, e cuja penosa e conflitante elaboração Rodrigo S.M. nos conta.

Há poucos fatos a narrar e eu mesmo não sei ainda o que estou denunciando. Agora (explosão) em rapidíssimos traços desenharei

3 Idem, p. 18.

a vida pregressa da moça até o momento do espelho do banheiro[4].

Será que eu enriqueceria este relato se usasse alguns difíceis termos técnicos? Mas aí que está: esta história não tem nenhuma técnica, nem de estilo, ela é ao deus-dará. Eu também não mancharia por nada deste mundo com palavras brilhantes e falsas uma vida parca como a ela datilografa[5].

Estou absolutamente cansado de literatura; só a mudez me faz companhia. Se ainda escrevo é porque nada mais tenho a fazer no mundo enquanto espero a morte. A procura da palavra no escuro[6].

A rigor, temos uma terceira história — a da própria narrativa — atribuível à competência dos dois narradores — o autor postiço e o autor declarado —, e, ainda, um personagem a mais no rol dos sete que são anunciados por seus nomes, porquanto a escritora igualmente assume a condição de personagem, como revela a capciosa dedicatória da obra — dedicatória do autor, isto é, de Rodrigo S.M. pelas razões expostas,

4 Idem, p. 35.
5 Idem, p. 45.
6 Idem, p. 84.

porém "na verdade Clarice Lispector", segundo está escrito por baixo, entre parênteses — endereçada "ao antigo Schumann e sua doce Clara", "à tempestade de Beethoven", a Bach, a Chopin, a Stravinski, a Marlos Nobre, a Prokofiev, etc.

Estranho livro, meândrico e tumultuoso, *A hora da estrela*, ao contrário dos textos anteriores de Clarice, intitulados romance, conto, novela ou simplesmente ficção, como *Água viva*, que o antecedeu imediatamente, não declara vincular-se a nenhum gênero literário, e, trocista, sugere ao *sonso* leitor treze outros títulos que lhe poderiam caber com igual validade: *A culpa é minha* ou *A hora da estrela* ou *Ela que se arranje* ou *O direito ao grito* ou *Quanto ao futuro* ou *Lamento de um blue* ou *Ela não sabe gritar* ou *Uma sensação de perda* ou *Assovio no vento escuro* ou *Eu não posso fazer nada* ou *Registro dos fatos antecedentes* ou *História lacrimogênica de cordel* ou *Saída discreta pela porta dos fundos*.

Ilustres *precedentes* em nossa história literária, de Machado de Assis a Oswald de Andrade, certamente não lhe faltam. Se nos limitamos ao primeiro, que não se poupou a brincar com seus personagens e com o leitor, interrompendo a ação de seus romances para comentá-la, os que bem lhe conhecem a obra poderão confirmar, caso se recordem do prólogo de *Memó-*

rias póstumas de Brás Cubas, que Machado de Assis também praticou o artifício da tal autoria, tal qual o emprega Clarice Lispector. Trata-se de um recurso formal que visa ao mesmo efeito do velho estratagema, já usado no século XVIII por Daniel Defoe em *Moll Flanders* e repetido por Max Frisch em *I am not Stiller*, no século XX, na nota introdutória com que o ficcionista, fazendo-se passar por editor, apresenta suposto manuscrito de outrem ou de autoria do personagem que criou.

Mas em *A hora da estrela* todos esses expedientes aparecem ostensivamente, ficando à mostra e como que em suspenso. Clarice Lispector foge às regras do jogo. Vemo-la arrancar o seu disfarce, a máscara de romancista e, feita personagem, declarar-se idêntica ao agente narrador e ao mesmo tempo que as dificuldades do ato de narrar tornam-se um dos temas expressos do livro, liquida-se nele o pudor da ficção, que obriga o escritor a tentar disfarçá-la e a disfarçar-se por trás do texto. É a literatura que se desnuda como literatura, primeiro indicando os artifícios de que se utiliza para captar o real, no que revela, com um gesto de quem se penitencia pelo que faz, os ingredientes capciosos de sua culinária, e logo em seguida, aceitando essa contingência, avalia-se a si mesma como mimese verbal, e sem mais esconder a fragilidade dos meios disponíveis, decide arrostar os percalços de sua condição lúdica. Em vez de apenas mostrar, contrita os disfarces que a travestem, ostentará, audaciosamente, o fingimento de que retira a sua força, com isso desencobrindo a exigência veritativa que também move a criação literária. Ao buscar a sua própria verdade, recusando-se à ideia tradicional, que igualou a imaginação à fantasia irresponsável e inconsequente, a ficção se despe, em dissídio consigo mesma e em disputa com o real, no último livro de Clarice Lispector.

Esse extremo limite atingido em *A hora da estrela* é um estado da ficção contemporânea, como termo da revolução romanesca operada neste século, e que, iniciada por Marcel Proust, Virginia Woolf, James Joyce — passando por Thomas Mann e Faulkner até chegar a Jorge Luis Borges, Julio Cortázar e Guimarães Rosa —, Clarice Lispector acompanhou desde o seu primeiro livro, *Perto do coração selvagem*, publicado em 1944, quando ela era uma jovem de dezessete anos. A visão global que podemos ter em retrospecto da obra de nossa escritora, a partir de *A hora da estrela* que a completou, mostra-nos já em vigor nesse romance juvenil de estreia a tendência preponderante que orientou desde o início aquela revolução interna do gênero narrativo, ao cabo da qual a ficção questiona o real questionando-se a si mesma.

Embora semelhante transformação seja de todo um gênero, limitamo-nos aqui a resumir as mudanças ocorridas no romance, que possui um valor exemplar para toda a literatura de ficção. É preciso insistir num ponto: o que chamamos de romance, no sentido estrito do termo, é uma forma narrativa historicamente marcada, indissociável do modo de vida — do *ethos* individual e coletivo —, da separação política entre o domínio privado e o domínio público, da cisão da cultura secularizada, no contexto da sociedade moderna, industrial e capitalista. Ao estudar, por volta de 1829, na terceira parte de sua *Estética*, dedicada à evolução da poesia, as particularidades do gênero épico, Hegel constatou que a epopeia propriamente dita havia desaparecido para dar lugar a uma espécie prosaica, em que o ideal heroico determinativo da ação é substituído pelo embate das situações privadas no campo e na cidade. Busquemos, dizia ele, as representações épicas num outro ciclo que o da epopeia. O romance — e Hegel se referia especialmente à *novela idílica*, tomando como exemplo *Hermann e Dorotheia* de Goethe — era a epopeia do mundo moderno, a representação épica possível numa sociedade que se tornara prosaica, organizando-se como um todo sob o império político da ordem civil e legal do Estado burguês, com o qual conflita a individualidade.

Por um lado forma prosaica e também mista, operando numa certa medida a mistura dos gêneros literários, e por outro sucedâneo dos grandes mitos em recesso, transportados para a expressão episódica de acontecimentos, constitutiva do novelesco, o romance, submetido ora ao mecanismo da evasão romântica, ora ao enquadramento objetivista do realismo, teve no conflito entre a individualidade e a sociedade a célula sociológica germinal de seu desenvolvimento no século XIX. Daí ser uma forma histórica complexa, não limitada à história da literatura, e que suscitou embaraços de conceituação estética.

Ortega y Gasset viu no romance uma expressao estetica retardataria, de que Lukács foi o primeiro a estudar as estruturas gerais num ensaio de morfologia cultural — a justamente famosa "Teoria do romance" (1920). As vicissitudes da sociedade moderna espelham-se nas vicissitudes da própria forma romanesca em função do dissídio entre o subjetivo e o objetivo, entre a alma e o mundo, de que se alimenta, e que lhe impõe, como horizonte valorativo, a imagem de uma totalidade rompida a restaurar. Por mais que se desligue voluntariamente da história, o romance passa a exprimir a consciência dilacerada e a falta de integridade da existência humana, sua estrutura se dilacera e se transforma. Eis o fenômeno da revolução romanesca que se processou como uma ruptura da forma, atingindo, ao mesmo tempo, o seu conteúdo — o novelesco, a matéria da narrativa e os procedimentos comuns, estabilizados, da narração.

O dilaceramento, que levará o romance, depois do realismo naturalista, inclusive psicológico, a desdobrar-se internamente e a, voltando-se sobre si mesmo, questionar, num movimento autorreflexivo, a sua natureza enquanto gênero, *é precedido por uma concentração da mimese na experiência anterior,* que começa com Marcel Proust (*Em busca do tempo perdido*) e James Joyce (*Ulysses*), *paralelamente à passagem da introspecção ao primeiro plano da narrativa.* A coerência episódica dos acontecimentos no tempo objetivo, que serviu de referencial ao realismo, é suplantada nesses dois autores pelo fluxo da consciência, envolvendo a retomada do passado no presente do *tempo subjetivo* ou *duração* (*la durée*). Em ambos deixa de existir o romancista onisciente que abrangia, numa perspectiva única, as intenções dos personagens, retratando-lhe o caráter através dos motivos determinantes da ação, repartida em peripécias ou incidentes, que correspondem aos momentos de uma vida em curso, num certo meio ou em determinada ambiência. Enquanto em Proust a narração se desdobra retrospectivamente de um relato pessoal, surgindo das lembranças do narrador, que se faz personagem, os momentos da vida em curso, correspondendo a momentos de recordação, de cujo encadeamento depende a progressão do romance, em Joyce o narrador desaparece por trás dos personagens, que monologam interiormente, de tal modo que a progressão do romance resulta da conexão de múltiplos relatos em primeira e em terceira pessoa, cada um dos quais compõe uma perspectiva distinta da narração. Tanto em *Em busca do tempo periddo* quanto em *Ulysses* configurou-se a tendência preponderante da revolução romanesca: *a passagem da consciência individual ao primeiro plano da narração, como centro mimético, isto é, como limiar da apreensão ou da transfusão artística da realidade.* Alcançado esse pórtico, primeira etapa de uma crise aguda, desencadeia-se o processo de desdobramento interno da própria forma narrativa. Depois de haver-se descartado da intriga em que se perdera, depois de haver começado a contar histórias que não terminam bem, o romance, diz-nos Lévi-Strauss, resumindo de maneiraDe lapidar esse processo, estaria fadado a mal terminar como gênero[7].

A hora da estrela carrega esse fado, na obra de uma escritora que encontrou na linha de análise introspec-

7 Claude Lévi-Strauss. *L'origine des manières de table (Mythologiques, III)*. Paris: Plon, 1968, p. 106.

tiva da consciência individual, adotada em *Perto do coração selvagem*, o seu caminho pessoal e singular de acesso à ficção. Clarice Lispector pessoalizou e singularizou a tendência da ficção moderna a partir do qual a revolução romanesca se produziu neste século.

De fato, o predomínio da consciência individual torna-se em Clarice Lispector não apenas o centro mimético, mas também o fulcro da narrativa que podemos chamar de *monocêntrica*, enquanto centralizada na introspecção de um personagem privilegiado, com que se confunde ou tende a confundir-se a posição do narrador. Assim nos romances de nossa escritora, a verdadeira ação é interna e nada ocorre independentemente da expressão subjetiva do protagonista, cujo aprofundamento introspectivo condiciona a estrutura da narração — o nexo entre personagens, a ordem temporal dos acontecimentos, e a perspectiva que ela encerra, ou seja, o modo como projeta o mundo e a realidade.

A ação interior dos protagonistas — seja Joana, de *Perto do coração selvagem*, seja Virgínia, de *O lustre*, seja ainda Martim, de *A maçã no escuro* — que ganha consistência em função dos sentimentos, dos desejos que exprimem e dos conflitos íntimos que os opõem aos outros, absorve a dos demais personagens, convertendo-se numa procura sem limites, numa busca

ansiosa da existência verdadeira e inacessível, reno-
vadas a cada passo pela introspecção em que se abis-
mam, e que é a matéria ou a substância da narrativa.
A projeção da realidade acompanha a introspecção, e
ainda quando, como também sucede em *A cidade sitiada*, a narração se faz na terceira pessoa, a distância
entre narrador e personagem é sempre mínima, assu-
mindo o primeiro a perspectiva do segundo.

Já o quinto romance de Clarice Lispector, *A paixão segundo G.H.*, escrito em primeira pessoa (Eu), e
que merece um registro à parte, pelo papel que de-
sempenhou no desenvolvimento da obra de nossa romancista, é um relato confessional provocado por um
simples incidente doméstico: a morte trivial de uma
barata, que G.H., criatura identificada tão só por essas iniciais, esmaga na porta de um guarda-roupa do
quarto de empregada do apartamento onde mora
sozinha. Fascinada pelo cadáver do inseto, G.H. so-
fre uma espécie de "rapto da alma" a — a perda ou
o desapossamento do Eu — em tudo semelhante ao
êxtase dos místicos, e que ela conta dificultosamente
para um Tu imaginário, a quem o relato inacabado
se dirige. Clarice Lispector chegava nesse lviro, onde
a identidade da narrativa quanto ao gênero se pro-
blematiza justamente com a identidade individual
da narradora, ao ponto crítico da literatura contem-

porânea, que põe em jogo a natureza, o alcance e os limites da ficção.

Como nos grandes ficcionistas de hoje, não há mais na autora de *A hora da estrela* um estado de boa consciência literária. Ao sentimento de adesão confiante ao ato de escrever, à entrega ao rito da criação, sucedeu uma atitude de suspeita, de reserva crítica, que obriga o escritor a indagar a cada passo sobre razão de ser, sobre o objeto e o fim de sua arte. *Por que narrar? O que narrar? Como e para que narrar?* Essas indagações tornaram-se perguntas fundamentais do narrador, que condicionam a ficção, integrando-se à sua matéria.

A obra de Clarice Lispector é de certo modo uma resposta a tais perguntas, que a seguir lhe dirigiremos.

II

Por que narrar? Antes de tudo por força de uma vocação, no sentido de *vocare*, de chamamento, que nasce de impulso irrefreável, objeto de desejo penetrando a linguagem e reproduzindo-se através do tempo. "Sinto a forma brilhante e úmida debatendo-se dentro de mim. Mas onde está o que quero dizer, onde está o que devo dizer?", diz Joana, de *Perto do coração selvagem*.

Colocando os personagens em particular relação com a linguagem, essa necessidade de dizer — querer e dever — começa a manifestar-se como um arrebatamento de liberdade. É a princípio objeto vago do desejo ou o impulso sem nome que aprisiona e liberta:

> Presa, presa. Onde está a imaginação? Ando sobre trilhos invisíveis. Prisão, liberdade, são essas as palavras que me ocorrem. No entanto não são as verdadeiras, únicas e insubstituíveis, sinto-o... Liberdade é pouco. O que desejo ainda não tem nome.[8]

Desejo sem nome ou o nome do desejo em sua indeterminação, impulso erótico que se objetifica, o Eu à busca do seu outro mais profundo, personificando-se e fazendo-se personagem, o porquê do narrar jamais é puro. Sempre inseparável de uma intenção expressiva, o que impulsiona o dizer em Clarice Lispector se desprende da necessidade de contar histórias, da disposição para construir um mundo de acontecimentos, inerentes aos mitos, às sagas e às epopeias — do *ethos* propriamente dito, que continua no gênero narrativo gerando o novelesco, seja o sim-

8 *Perto do coração selvagem*, 2ª ed. São Paulo: Francisco Alves, 1963, p. 61.

ples desenrolar de eventos no espaço, seja forma biográfica de um destino individual articulando-se como experiência temporal cumulativa em torno de um núcleo de fabulação, e de que saiu a novela psicológica. Para além da mimese dos acontecimentos, a intenção de exprimir-se, excedendo a fábula, recondiciona a atitude da escritora a uma preliminar exigência lírica no uso da linguagem.

Se os primeiros romances de Clarice Lispector, *Perto do coração selvagem, O lustre* e *A cidade sitiada*, já não são mais novelescos, e se os seus dois últimos textos — *Água viva* e *A hora da estrela* — já transgridem a forma tradicional do romance consolidada no século passado, os seus contos são na verdade de pouco ou nenhum enredo. Vale a pena relê-los, mas por ter se perdido neles a oralidade da fábula, dificilmente poderemos recontá-los a outrem. O contista tradicional como que passa adiante uma história contada, capaz de reproduzir-se de boca em boca, num processo indefinido de repetição oral. Mas os contos de Clarice Lispector não mais suportam a condição de oralidade. Seria quase impossível, para aproveitar uma expressão de Walter Benjamin, contá-las "ao pé do fogo". A história que encerram encena-se por sua vez numa experiência subjetiva. Sem condensar-se porém no reconhecimento de um instante — o que faria da ficção um poema lírica —, essa experiência, composta dos "pequenos incidentes separados que alguém viveu um por um" (*little separate incidents which one lived one by one*), a que se referiu Virginia Woolf[9], e que liga os acontecimentos uns aos outros — na compenetração mútua, na solidariedade de todos os instantes que constituem o *tempo vivido* da *duração*, passível de distender-se episodicamente —, contém uma célula novelesca em potencial.

Forma de unidade biográfica, conforme a lição permanente de Lukács[10], o romance acompanha o processo temporal da existência e enfeixa uma imagem do mundo. Ávido de realidade se autêntico, aidna quando realista não seja, nele triunfa a necessidade de narrar trabalhada por uma vontade cognoscitiva onímoda, inclusiva, que abrange a multiplicidade dos aspectos da vida humana. Dir-se-ia que a célula do novelesco em potencial que os últimos livros de Clarice Lispector conservam, tornou-se proliferante, gerando uma espécie de narrativa proteiforme, considerada *improviso*, como *Água viva*, que se autorreproduz e multiplica:

> Sei o que estou fazendo aqui: conto os instantes que pingam e são grossos de sangue.

9 Virginia Woolf. *To the lighthouse*. Nova York: Harcourt Brace, p. 73.
10 Georg Lukács. *La théorie du roman*. Paris: Gonthier, 1963, p. 72.

O romance torna-se um impromptu de temas, que se combinam ou se alteram em momentos distintos como na música. É somente considerando essa situação extrema que se pode tentar responder a segunda pergunta — *o que narrar?*

Não há matéria privilegiada para o narrador: galinha ou ovo, olhar de fera, moça nordestina ou raiz de árvore, tudo pode entrar na substância impura da ficção. Ela é história que se desdobra em histórias, comentário reflexivo, visão indagadora ou meditação visual detida nas coisas, tentando captar-lhes o modo de ser para inscrevê-las na matéria fugidia da palavra escrita, e tornando-se um jogo da linguagem praticado com a seriedade de uma especulação intelectual. Assim o conto intitulado "O ovo e a galinha", de *A legião estrangeira*, é uma especulação com palavras e em torno da palavras, que termina, à força de insistência, abrindo-nos passagem para a própria coisa que se verbalizou:

11 *Água viva.* São Cristóvão: Artenova, 1973, p. 26.

De manhã na cozinha sobre a mesa vejo o ovo. Olho o ovo com um só olhar. Imediatamente percebo que não se pode estar vendo um ovo. Ver um ovo nunca se mantém no presente: mal vejo um ovo e já se torna ter visto um ovo há três milênios [...][12]

Da primeira frase, puramente descritiva, passa-se a um exercício intelectual, como jogo de linguagem, em torno da maneira de ver o objeto que se propõe à visão:

No próprio instante de se ver o ovo ele é a lembrança de um ovo. — Só vê o ovo quem já o tiver visto. — Ao ver o ovo é tarde demais: ovo visto, ovo perdido. — Ver o ovo é a promessa de um dia chegar a ver o ovo. Olhar curto e indivisível; se é que há pensamento; não há; há o ovo. — Olhar é o necessário instrumento que, depois de usado, jogarei fora. Ficarei com o ovo. — O ovo não tem um si-mesmo. Individualmente, ele não existe[13].

12 *A legião estrangeira: contos e crônicas*. Rio de Janeiro: Editora do Autor, 1964, p. 55.
13 Idem, ibidem, p. 55.

Descendo à negação do objeto, o jogo da linguagem prossegue sob a aparência de uma fantasia onírica, que tira partido do repertório das frases feitas, dos lugares-comuns, dos disparates e do paradoxo:

O cão vê o ovo? Só as máquinas veem o ovo. O guindaste vê o ovo. [...] Ao ovo dedico a nação chinesa. O ovo é uma coisa suspensa. Nunca pousou. [...] Será que sei do ovo? É quase certo que sei. Assim: existo, logo sei. — O que eu não sei do ovo é o que realmente importa. O que eu não sei do ovo me dá o ovo propriamente dito.

As frases sucedem-se e misturam-se num ritmo, febril e alucinatório, retomado de parágrafo a parágrafo, ao longo de cadeias de significantes em que a palavra *ovo* é reiterada: "Olho o ovo com um só olhar [...]" / "Ver o ovo é impossível [...]" / "O ovo é uma coisa suspensa [...]" / "O ovo é uma exteriorização [...]" / "O ovo é a alma da galinha [...]" / "O ovo é coisa que precisa tomar cuidado [...]" / "Com o tempo o ovo se tornou um ovo de galinha [...]" etc[14].

Tomamos a palavra jogo, na expressão antes empregada, no sentido de uma prática poética de mo-

14 Idem, ibidem, pp. 55-57.

bilização das palavras, sem visar ao seu uso comunicativo corrente. Jogar com as palavras nem sempre é uma atividade vã. Aqui como nos textos poéticos, o entrechoque entre os significantes — que seriam as imagens — e os significados — as representações ou os conceitos — abre um hiato de silêncio, espécie de momento contemplativo, indizível, conquistado à superfície resvalante das frases, e que, inenarrável, já não pode articular-se em palavras, convidando o leitor a uma atitude receptiva, de absorção no objeto sobre o qual se especula. Nos seus romances, Clarice Lispector procura alcançar esse intervalo de silêncio.

Em *A maçã no escuro*, por exemplo, são frequentes os momentos de descortínio silencioso, de paragem contemplativa, de fruição visual das coisas, que se tornam enigmáticas e indecifráveis, quanto mais no texto se confundem a simples descrição e meditação. Nesse romance, que é um longo e tortuoso inquérito sobre a condição humana, não há distinção entre *descrever* e *meditar*. Seu personagem, Martim, vê aquilo que não pode entender e alcança, pela falta mesma de compreensão, uma evidência transtornante que não será capaz de traduzir em palavras:

O que via apenas? Que tudo era um prolongamento suave de tudo, o que existia unia-se ao que existia, as curvas se faziam repletas, harmoniosas, o vento comia as areias, batia inútil contra as pedras. É bem verdade que, de um modo estranho, quando não se entendia, tudo se tornava evidente e harmonioso, a coisa era bastante explícita. No entanto, olhando, ele tinha dificuldade de compreender aquela evidência de sentido, como se tivesse que divisar uma luz dentro de uma luz[15].

Tudo então pode ser narrado, mas tendendo para o inenarrá´vel em que tudo culmina. O que quer que se narre, é sempre uma figura do mundo, a parcela discernível de uma cadeia ilimitada de eventos que o ficcionista desenrola elo após elo, sobre um fundo vazio a preencher. As simples histórias não bastam; elas são sempre partes dependentes de outras histórias que as englobam numa sucessão infindável. Quem conta, mesmo perdendo os fios da oralidade, transforma o encanto ingênuo das noites de Sherazade na ciência do mecanismo noturno do contar. Narrar uma história é recomeçar *As mil e uma noites*.

Como pois narrar? Para responder a essa terceira pergunta, bastaria combinar as duas respostas ante-

15 *A maçã no escuro*, 3ª ed. Rio de Janeiro: J. Álvaro, 1970, p. 111.

riores. A necessidade expressiva levando ao *improviso* e a prática poética à proliferação ilimitada da substância narrada — a multiplicidade dos temas encadeados — impõem à forma algo de vital que se recusa aos florilégios da escrita, à dissipação literária, à preocupação de fazer estilo. O improviso verbal é, acima de tudo, um exercício existencial.

Em *Água viva*, o *improviso*, semelhante à técnica musical da variação, alcança os temas do tempo, da morte e de Deus, submetendo-os a uma linguagem ascética, despojada, que vem de *A paixão segundo G.H.*, cuja elaboração foi para a romancista a definitiva escola da simplicidade, verdadeira catarse purificadora das galas de estilo, que permitiu dar à sua escrita uma *ética*, subordinar o uso da palavra a um voto de perpétua pobreza, predispondo-o a realçar o cru, o seco, o árido, o inóspito e o inexpressivo. Quando a arte é boa, diz-nos G.H., "é porque tocou no inexpressivo, a pior arte é a expressiva, aquela que transgride o pedaço de ferro e o pedaço de vidro, e o sorriso e o grito"[16]. Nesse plano ética e estética são indistinguíveis.

Já temos aí uma resposta à quarta pergunta — para que narrar?, que toca à finalidade, ao destino da ficção. Revelar o que existe, testemunhar a vida — para

16 *A paixão segundo G.H.* Rio de Janeiro: Editora do Autor, 1964, p. 144.

expor a "tessitura do viver", e depor em defesa da natureza humana usando até, se preciso for, como se diz em *A hora da estrela*, do direito ao grito — mas contanto que o grito, expressão de revolta moral, denúncia de um estado de alienação e da sociedade que o provocou, ultrapasse o imediato e o singular, estendendo-se num clamor incontido ao cerne da existência — eis a ética do romance e do conto, ao mesmo tempo finalidade estética da ficção. A ficção só pode desempenhar o seu papel revelador quando ela se origina do exercício da escrita transformado num modo de relacionamento único e insubstituível com a realidade através da linguagem. Clarice Lispector escreve como um pescador que lança o anzol de suas frases entre as coisas fugidias:

> Então escrever é o modo de quem tem a palavra como isca: a palavra pescando o que não é palavra. Quando essa não palavra morde a isca, alguma coisa se escreveu. Uma vez que se pescou a entrelinha, podia-se com alívio jogar a palavra fora. Mas aí cessa a analogia: a não palavra, ao morder a isca, incorporou-a[17].

17 *A legião estrangeira*, ed. cit., p. 143.

Mas nessa pescaria agônica, luta de escritora consigo mesma e com a linguagem, não há propriamente vitória. Em sua ambiguidade, o triunfo da escrita, comportando derrotas, redundando em perdas, expõe-na a um permanente fracasso:

> Eu tenho à medida que designo — e este é o esplendor de se ter uma linguagem. Mas eu tenho muito mais à medida que não consigo designar. A realidade é a matéria-prima, a linguagem é o modo como vou buscá-la — e não como acho. Mas é do buscar e não do achar que nasce o que eu não conhecia, e que instantaneamente reconheço. A linguagem é o meu esforço humano. Por destino tenho que ir buscar e por destino volto com as mãos vazias. Mas — volto com o indizível. O indizível só me poderá ser dado através do fracasso da minha linguagem. Só quando falha a construção, é que obtenho o que ela não conseguiu[18].

Movimento incessante de vai e vem, da escritora à sua obra e de sua obra a si mesma, que tem a força de uma paixão, escrever é, para Clarice Lispector, sub-

18 *A paixão segundo G.H.*, ed. cit., p. 178.

missão a um processo que ela não conduz e pelo qual é conduzida. Mas em consequência desse fato coercivo, que pesa como o fado trágico, qualquer finalidade intencional que se acrescente à narrativa tornar-se-á dependente da *finalidade sem fim*, da movência do desejo no tempo que obriga a narrar.

A pergunta *por que narrar?*, recebendo muitas respostas e nenhuma definitiva, remete-nos, em última instância, ao império da paixão única da linguagem em que a vida de Clarice Lispector se consumiu: "Por que escrevo?", pergunta o fictício romancista de *A hora da estrela*. "Antes de tudo porque captei o espírito da língua e assim às vezes a forma é que faz conteúdo. Escrevo portanto não por causa da nordestina, mas por motivo grave de 'força maior', como se diz nos requerimentos oficiais, por 'força de lei'".

III

Retornemos ao fim, voltando ao último romance de Clarice Lispector, *A hora da estrela*, por onde começamos. Depois que a obra da qual faz parte autoidentificou-se, respondendo às perguntas que lhe dirigimos, cumpre considerar de outra maneira o expediente com que ali deparamos: o entrelaçamento das três histórias — a da moça nordestina, a do narrador interposto e a da própria narrativa — e o confronto do pseudoautor com a personalidade interposta da escritora, ele e ela transformados em personagens fictícios que se identificam com Macabéa, a verdadeira personagem. O jogo de linguagem de que falamos se apresenta agora como um jogo cruzado de identidades, de máscaras trocadas. O narrador se identifica com a moça nordestina, com quem por sua vez, sem pejo de retirar e de assinalar a sua máscara literária, Clarice Lispector termina por confundir-se, ao declarar-se autora da obra. Clarice Lispector é tão personagem quanto Macabéa.

A hora da estrela descerra-nos um processo de mútua conivência entre *personalidade* e *personagem*, como abismo da imaginação, mediante o qual a própria autora poderia dizer-nos glosando a frase de Flaubert a propósito de Madame Bovary: "Macabéa sou eu". A romancista é possuída pela criatura fictícia que se agarra às suas costas como planta parasita na árvore hospedeira: "Ela se me grudou na pele qual melado pegajoso ou lama". Macabéa sou eu.

Em texto famosíssimo aparecido no século XVII, um escritor solitário, René Descartes, que se dedicara numa vida de estudos à Física e à Filosofia, firmou, depois de pôr em dúvida a existência real das coisas, o princípio de que somente o pensamento constitui certeza inabalável. Penso, logo existo. Mas eu que penso, indagava Descartes, quem sou? Parodiando-se essa passagem do texto cartesiano, poderemos atribuir a Clarice Lispector, diante do jogo de linguagem transformado num jogo de identidade, a invenção de um *cogito* da narrativa — narro, logo sou — e perguntar por ela: *Mas eu que narro, quem sou?*

Essa nova pergunta, que conviria acrescentar às quatro anteriores — *por que, o que, como* e *para que narrar?* —, também atravessa a história da revolução romanesca a que me referi no início. É que o jogo de identidade entre o narrador e seus personagens resultou do domínio da experiência subjetiva, do excesso de introspecção na mimese. Depois de *A paixão segundo G.H.* esse jogo adquire na obra de Clarice Lispector as proporções de um drama existencial que elucida o sentido da paixão da linguagem que já mencionamos, e que exigiria, por sua vez, uma elucidação de caráter psicanalítico que apenas ousamos sugerir aqui. Para isso retornamos ao estranho incidente que serve de núcleo ao relato daquele romance.

Contando-nos a experiência de desapossamento que sofreu ao contemplar uma barata morta, êxtase e descida aos infernos em que se converteu a consciência de si, o sujeito narrador em *A paixão segundo G.H.* chegaria aos limites da introspecção que marcam os limites de sua própria narrativa. Entretanto, não constatamos nesse romance a adesão da narradora à personagem exigente que criou. Ela, G.H., que narra a sua experiência, é criatura solitária em quarto vazio, sem a ninguém confrontar-se, tendo diante de si, unicamente, a massa branca do inseto esmagado a provocar-lhe um "rapto da alma". A massa branca é vista como matéria cósmica, substancial e neutra, que atrai G.H., e que ela tenta ingerir durante o êxtase, num ato de manducação:

> Agora aquilo que me apela e me chama é o neutro. Não tenho palavras para exprimir e falo então em neturo. Tenho apenas êxtase, que também não é mais o que chamávamos de êxtase, pois não é culminância. Mas esse êxtase sem culminância exprime o neutro de que falo[19].

Ao oferecer-se em comunhão essa massa branca e neutra que leva à boca, G.H. não se identifica com um sujeito pessoal, com um Tu que lhe fosse o oposto. O seu êxtase é espelhamento no neutro, no desértico, no impessoal — a existência em terceira pessoa, nem

19 Idem, ibidem, pp. 161-162.

ele nem ela, mas o que G.H. chama de *vida divina*, e que escapa à diferença entre o masculino e o feminino, expressando-se pelo neutro pronominal, o *it* do inglês, que corresponde ao *Es* germânico. Culminância de sua introspecção, G.H. não é mais ela mesma, transformando-se num outro indeterminado que o Eu já continha. Na reflexividade verbal anômala das frases do extraordinário relato revela-se essa estranha identificação[20]:

> O mundo se me olha. Tudo olha para tudo, tudo vive o outro; neste deserto as coisas sabem as coisas[21].
>
> Aquilo que eu chamava de "nada" era no entanto tão colado a mim que me era... eu? E portanto se tornava invisível como eu me era invisível, e tornava-se um nada[22].
>
> A vida se me é e eu não entendo o que digo[23].
>
> Eu não sou Tu mas mim és Tu. Só por isso jamais poderei Te sentir direito: porque és mim.[24]
>
> O que fizeste sou eu? E não consigo dar o pas-

20 Os grifos a seguir são do autor [N.E.]
21 Idem, ibidem, p. 66.
22 Idem, ibidem, p. 79.
23 Idem, ibidem, p. 182.
24 Idem, ibidem, p. 132.

so para mim, mim que és Coisa e Tu. [...] Dá-
-me o que és em mim. Dá-me o que és nos outros. Tu és o ele, eu sei, eu sei porque quando
toco eu vejo o ele[25].

Mais do que o relato de um caso singular de possessão, *A paixão segundo G.H.* oferece-nos o substrato
inconsciente do ato de narrar, como desapossamento.
Quem narra, situa-se num outro lugar, *fora do centro*
— um lugar descentrado em relação ao Eu. Psicanali-
ticamente, esse deslocamento, acompanhando o desejo do Eu, dirige-se ao inconsciente, ao Id ou It, que é
neutro, e que detém o segredo de nossa identidade, da
consciência de si. O Eu deseja chegar ao inconsciente,
ao Outro, que também somos. Foi o que Freud regis-
trou na sentença sibilina: "*Wo Es war, soll ich werden*"
(O que era Id, deve tornar-se Eu). Como possibilidade
de existência, esse poder-ser é o horizonte do jogo de
identidade na linguagem entre autor e personagem,
entre a escritora e a escrita, que se consumou em *A
paixão segundo G.H.* e que prosseguiu, de outra maneira, até *A hora da estrela.*

Em tal possibilidade extrema da existência fun-
dam-se a verdade da ficção de Clarice Lispector e a

25 Idem, ibidem, p. 139.

paixão da linguagem, matéria do drama existencial absorvido na obra. Nenhum dos nossos escritores levou a literatura, como o fez Clarice Lispector, tão perto desse limbo do insconsciente de que se aproximaram Antonin Artaud e Georges Bataille, com os quais podemos compará-la do ponto de vista do fascínio da libido, do numinoso e da morte. A obra de nossa ficcionista tem um cunho sacrificial e se desenvolveu como uma *paixão* — já usando-se aqui a palavra *paixão* no sentido de padecimento infligido, que precede a morte e a prepara. Se Eros, o desejo, impulsiona a narração, é Tânatos, a morte, que a completa, revelando-se ao final.

Quando Macabéa morre atropelada, *grand finale* de uma vida inexpressiva, é a própria escritora, e não o autor fictício, que comenta, após ter arrancado o seu disfarce, a sua máscara literária:

> Macabéa me matou. Ela estava enfim livre de si e de nós. Não vos assusteis, morrer é um instante, passa logo, eu sei porque acabo de morrer com a moça. Desculpai-me esta morte. É que não pude evitá-la, a gente aceita tudo porque já beijou a parede. Mas eis que de repente sinto o meu último esgar de revolta e uivo: o morticínio dos pombos!!! Viver é luxo.

a escrita da paixão

O romance é a principal fonte para uma história das paixões no gênero dos microestudos da conduta humana que servem de contraponto existencial à ciência histórica. Mas pode haver também, como sugere Roland Barthes, uma história patética do próprio romance reunindo, de diferentes obras, por efeito de uma leitura viva, aquelas cristas emotivas que delas subsistem, independentemente do todo de que fazem parte, como "momentos de verdade" da literatura. Arrancados de um universo romanesco, esses "momentos de verdade", pontos "de *mais-valia*" da anedota ou fábula, implicam o reconhecimento da paixão como *força de leitura*[1].

Ousaria acrescentar a essa provocante reflexão do grande crítico-escritor que a paixão pode ser igualmente *força da escrita*. E não há melhor exemplo

1 Roland Barthes. "Longtemps... je em suis couché de bonne heure". Em *Essais critiques IV: Le bruissement de la langue*. Paris: Seuil, 1984, p. 323.

disso do que *A paixão segundo G.H.*, de Clarice Lispector, texto singular e incomparável, que constitui um capítulo inédito da história patética do romance. Passional e apaixonante, esse texto de nossa autora mergulha em veios *arqueológicos*, em camadas afetivas culturalmente soterradas da sensibilidade humana. Antes de apreciá-lo desse ponto de vista, faremos duas digressões preliminares, a primeira acerca das vicissitudes históricas e culturais da paixão, a segunda acerca da obra de Clarice Lispector em geral.

I

O curso histórico da palavra "paixão" atesta a perda da riqueza cumulativa dos significados distintos e correlatos que se constelaram no termo grego *pathos*, do qual se originou. Filosoficamente, a avaliação do conceito respectivo — passividade do sujeito, experiência infligida, sofrida, dominadora, irracional — por oposição ao *logos* ou a *phronesis*, que significam pensamento lúcido e conduta esclarecida; variou da posição problematizante dos filósofos gregos da época clássica — Sócrates, Platão e Aristóteles — à posição negativa dos filósofos estoicos e de seus descendentes no início da época moderna, Descartes e Espinosa.

"O grego sempre viu", afirma Dodds, na experiência de uma paixão, algo de misterioso e assustador, a experiência de uma força que está dentro dele, que o possui em lugar de ser por ele possuída. A própria palavra *pathos* o testemunha; do mesmo modo que seu equivalente latino *passio*, significa aquilo que acontece a "um homem, aquilo de que é vítima passiva"[2].

Entretanto, o entendimento desse estado se diversificou entre os gregos conforme a procedência da força experimentada, nem sempre completamente dominadora e nem sempre desfavorável ao indivíduo. A causa totalmente incontrolável, admitida ainda na fase da cultura grega arcaica, é a *loucura divina* (*até*), pertubadora da consciência normal e que se atribuiu "a um agente demoníaco exterior". *Ethos anthropoi daimon* (o demônio do homem é o seu caráter), registraria um fragmento de Heráclito, do século VI a.C., anunciando, como resposta da filosofia à religião primitiva, a interiorização do elemento passional.

Não obstante, um século depois, no período clássico, Sócrates e Platão conciliaram a quela tradição religiosa de uma época recuada com as exigências da racionalidade. Um dos diálogos platônicos, o *Fedro*, exalta os efeitos benéficos de quatro espécies de lou-

2 E.R. Dodds. "Rationalisme et réaction à l'époque classique". Em *Les Grecs et l'irrationnel*. Paris: Flammarion, 1985, p. 185.

cura (mania) consideradas dons divinos: a dos profetas e adivinhos, o entusiasmo inspirado pelas musas aos poetas, a possessão ritual dionisíaca e o transporte amoroso, obra de Eros, do qual se ocupou especialmente *O banquete*[3].

Eros trabalha em conjunto com Afrodite; impulsivo, é tanto a fecundidade do corpo quanto a fecundidade do espírito; atraído pela beleza, intensifica-se, expande-se para além do objeto amado, numa ascensão aos mais altos conhecimentos e assegurando a imortalidade. Não há filosofia sem Eros; sem Eros a razão permaneceria inerme. O amor erótico incorporou ao pensamento os aspectos irracionais da conduta humana, aliviando a carga passiva e perturbadora dos estados afetivos.

Muito depois dessa avaliação da filosofia clássica, o passional, no sentido amplo de afetividade, merecerá do estoicismo — forma de sabedoria ascética, esquiva ao mundo — a negação mais extremada, por ser permanente causa da heteronomia da vontade. A plena conduta racional, possibilitada pela prática da virtude (*areté*), incluindo a disciplina intelectual de controle das representações ilusórias, culminaria, de-

3 Platão. Fedro, 244a-245b; *O banquete*, 206a-212b. Em *Diálogos*, volumes III-IV e V. Trad. Carlos Alberto Nunes. Belém: Universidade Federal do Pará, 1973-1975.

pois de anulado o efeito prejudicial dos sentimentos fortes, na conquista do *apaté*, do ânimo impertubável, apático.

Muito distante desse rigorismo ascético, Platão, mostram-no ainda passagens capitais de *A república* acerca dos papéis distintos e harmônicos das partes não racionais da alma, a *epitumia* (apetite, instinto) e o *tymos* (disposição afetiva), viu na força da paixão "uma fonte de energia que, como a libido freudiana, pode ser canalizada seja para uma atividade sensual, seja para uma atividade intelectual"[4]. Em sua própria origem, o pensamento racional está comprometido com o patético. Os homens não começam a filosofar senão quando deles se apossa o *thaumazein*, incomum estranhamento admirativo do mundo e das coisas, reconhecido pela tradição platônico-aristotélica. Condicionada afetivamente, e por isso motivo paixão do pensamento, a filosofia será também, na medida em que tenta compreender o racional, pensamento da paixão.

Em Aristóteles, tanto quanto em Platão, essa tentativa é inseparável de uma teoria da alma, que foi transmitida aos escolásticos medievais, e segundo a qual as tendências, apetites e desejos movem a inte-

4 Dodds. "Platon et l'âme irrationnelle", op. cit., p. 211.

ligência e a vontade. Contrários entre si, os apetites "ora resistem à autoridade da parte racional, ora escutam docilmente as suas admoestações e conselhos como os filhos ao pai"[5].

Outrossim, Aristóteles destacou a função dinâmica das paixões específicas — "que introduzem mudanças em nossos juízos"[6] — não por acaso estudadas no *Segundo livro da retórica* — a arte de persuadir por meio do discurso —, com que o filósofo sublinhou o caráter situacional, prático, da afetividade, que depende do relacionamento mútuo dos indivíduos e do uso da palavra.

Não se pode esquecer o valor positivo que, divergindo de Platão, Aristóteles atribuiu à comoção trágica — a *catarsis*, purgação do ânimo do espectador por efeito do balanço entre os sentimentos opostos de comiseração (*eleos*) e terror (*phobus*), despertados pela representação das tragédias[7].

Na Idade Média, Tomás de Aquino, intérprete de Aristóteles, contrariou o ponto de vista dos estoicos,

5 Léon Robin. *La pensée grecque et les origines de la pensée scientifique*. Paris: La Renaissance du Livre, 1928, p. 314.
6 Aristóteles. *Arte retórica e arte poética*, livro II, cap. I. Introdução e notas: Jean Voilquin e Jean Capelle. Trad. Antônio Pinto de Carvalho. São Paulo: Difusão Europeia do Livro, 1964, p. 100.
7 Aristóteles. *Obras completas de Aristóteles: poética*, cap. VI. Versão direta, introdução e notas: dr. Juan David García Bacca. México: Universidad Nacional Autónoma de México, 1946, p. 9.

afirmando na *Suma teológica* que nem todas as paixões são moralmente más[8].

A disciplina salvacionista da Igreja, que polarizou a vida afetiva nesse período discriminaria aquelas que favorecem o Bem, e abrem caminho para Deus, daquelas que incitam à transgressão das leis naturais e divinas, levando os iracundos, os indolentes, os invejosos, os soberbos, os luxuriosos, os cúpidos, os gulosos às penas e padecimentos do Inferno. A mesma exigência religiosa de salvação, indissociável da crença num Deus transcendente, pessoal e providencial, que ama os homens e se humaniza para resgatá-los do pecado, pela dor e pelo sofrimento da morte cruenta — a Paixão de Cristo —, legitimou o amor carnal dentro do matrimônioe ilegitimou o erótico. *Ágape* e *charitas*, amor a Deus e amor ao próximo, refratários ao espraiamento de Eros, à iluminação do desejo impulsivo e à sua promessa de imortalidade para os pagãos, compatibilizavam-se apenas com o *amor de união* do êxtase místico. As espécies platônicas da *mania*, da loucura divina, tornavam-se efeitos de possessão diabólica, atos orgásticos, práticas de feitiçaria, condenáveis e reprimidos.

8 Tomás de Aquino. *Somme théologique, 1ª, 2ª question XXIV*, art. II. Paris: Louis Vives, 1854-1859, vol. IV, p. 383.

A posição estoica revigorada na Idade Moderna separou os instintos, os desejos e paixões sensíveis da natureza essencial da alma, "como fenômenos de inibição e de perturbação, como *pertubationes animi*"[9]. Mais sutil do que *Les passions de l'âme* de Descartes, cujo dualismo substancialista impôs essa separação, a *Ética* de Espinosa, que integrou as paixões à ordem da natureza, nos diz da impossibilidade de reprimi-las diretamente e do proveito moral a extrair do conflito ou da guerra de umas contra as outras.

Mas somente o século XVIII reabilitou socialmente as paixões. Mesmo das moralmente más, como avareza e cobiça, poder-se-ia tirar proveito, desde que canalizadas para um de utilidade social. "A razão, fruto da experiência", escrevia então D'Holbach, "é a arte de escolher as paixões que devemos seguir em benefício de nossa própria felicidade"[10]. O interesse, "como busca de vantagens materiais e econômicas", seria o critério decisivo de escolha para a burguesia em ascensão. Era o princípio, engrenado à ética permissiva da acumulação capitalista, de uma economia passional dentro do ciclo da Economia Política triunfante no século XIX.

9 Ernst Cassirer. *La philosophie des Lumières*. Paris: Fayard, 1966, p. 159.
10 Albert Hirschman. *Les passions et les intérêts: justifications politiques du capitalisme avant son apogée*. Paris: PUF, 1980, p. 29.

Em oposição a essa manobra do pensamento utilitarista, o Romantismo liberaria o fundo noturno, instintivo, da subjetividade; libertaria o entusiasmo poético e o arrebatamento amoroso. Emergiu com ele o novo *pathos* de uma sensibilidade conflitiva; por trás das paixões da alma como que se desvendaria a alma das paixões: a *Sehnsucht* dos românticos alemães, a aspiração do infinito, sentimento do sentimento e desejo do desejo — tônica passional da inquietude romântica, sofrida e insaciável, que Kierkegaard qualificou de "perpétuo esforço para apreender aquilo que se desvanece"[11]. Considerado sob esse ângulo, romântico é sinônimo de ilusão: a ilusão — apontada por René Girard — do desejo espontâneo e da subjetividade quase divina[12], em sua autonomia, que a criação romanesca supera. Como forma de vida fictícia, possibilitando o confronto do Eu consigo mesmo e com os outros, o romance, além da dependência intersubjetiva e social do desejo, além da formação imaginativa das paixões, sobretudo da paixão amorosa, cristalizada pela imitação e pela vaidade, seugndo Stendhal, e não imune à transferência dos interesses sociais, além da metamorfose das paixões, o roman-

11 Søren Kierkegaard. Cf. Jean Wahl. *Études kierkegaardiennes, annexes, extraits du journal.* Paris: Aubier, p. 581.
12 René Girard. *Mensonge romantique et vérité romanesque.* Paris: Grasset, 1961, p. 43.

ce exporia o jogo das forças afetivas contrárias, que vulneram a autonomia do sujeito centrada no Eu. A crítica da ilusão romântica — ilusão que não compromete a essência do romantismo — alerta-nos contra a postura ingênua que reclama da literatura o puro espelhamento das paixões. Qualquer que seja o grau de expressão literária por elas alcançado — o grito, o gesto arrebatado, o surto emocional —, a paixão expressa já é a paixão passada, arrefecida, recordada, medida, distanciada.

II

Da obra de ficção de Clarice Lispector pode ser dito, para fixarmos indispensável ponto de referência histórico-literário, que ela recai na órbita da narração moderna, concentrada na experiência interior, a que pertencem *Em busca do tempo perdido* de Marcel Proust, *Ulysses* de James Joyce e *Mrs. Dalloway* de Virginia Woolf. Assim, nos romances e contos de nossa escritora, a verdadeira ação é interna, e nada ocorre independentemente da expressão subjetiva dos personagens. Essa expressão, seguindo o fio de um enredo esgarçado, tênue, que chega a desaparecer nos últimos textos de Clarice, como *Água viva* e *Um sopro de vida*, é sempre também, conforme disse Antonio

Candido a propósito de *Perto do coração selvagem*, romance de estreia da autora, um instrumento de penetração "nos labirintos mais retorcidos da mente"[13]. Estamos diante de uma ficção que pensa, de uma ficção indagadora, reflexiva, a que não falta, como em toda grande literatura, um intuito de conhecimento. Precisamos não esquecê-lo quando consideramos o que essa obra tem de passional.

Nela a primeira marca do *pathos* encontra-se na recorrência de certos sentimentos fortes — cólera, ira, raiva, ódio, nojo, náusea, alternando-se com o amor e a alegria —, verdadeiros núcleos afetivos que motivam a história narrada ou constituem momentos culminantes da narrativa. Basta lembrar a ira do personagem de "O jantar", despertada na narradora pelo espetáculo de um velho comendo à sua frente[14]; o ódio de Ana, do conto "Amor", diante de um cego que masca chicletes[15]; a atitude de Lucrécia Neves, de *A cidade sitiada*, excitando sua própria ira[16]. Esses sentimentos transformam-se nos seus contrários; o amor traz uma "vontade de ódio" e o ódio, vontade de amor. "A mi-

13 Antonio Candido. "No raiar de Clarice Lispector". Em *Vários escritos*. São Paulo: Duas Cidades, 1970, p. 126.
14 Clarice Lispector. *Laços de família.* Rio de Janeiro: Francisco Alves, 1960, p. 89.
15 Idem, ibidem, p. 25.
16 Clarice Lispector. *A cidade sitiada*, 2ª ed. Rio de Janeiro: José Álvaro, 1964, p. 81.

nha cólera — que é ela senão reivindicação? — [...] a minha cólera é o reverso de meu amor [...]", exclama a personagem de "Uma ira"[17].

Mutuamente conversíveis, tais sentimentos extremos denunciam ao mesmo tempo a fragilidade do caráter, a conduta moralmente ambígua e o relacionamento intersubjetivo antagonístico, ora agressivo, ora submisso, dos personagens de Clarice Lispector, influenciados pelos outros e pelas coisas, quase sempre mais pacientes do que agentes de uma experiência interior que não podem controlar.

A segunda marca do *pathos* é a sofreguidão do desejo, espécie de *hybris*, de insaciabilidade, que expõe ao risco do excesso e da desmesura, levando à transgressão da ordem estabelecida, seja do meio familiar, como em *Perto do coração selvagem* e *O lustre*, seja dos *mores* locais, como em *A cidade sitiada*, seja da lei ou do sistema social, como em *A maçã no escuro*. Mas esse desejo transgressor, que reflui interiormente como angústia da liberdade, mal se separa de uma inquietude espiritual, moral e intelectual, afã de expressão e realização individuais, e que arrebata principalmente as protagonistas dos romances anteriores a *A paixão segundo G.H.* Por outro lado, essa inquietude

17 Clarice Lispector. *A legião estrangeira*. Rio de Janeiro: Editora do Autor, 1964, p. 196.

acompanha a introspecção em que vivem mergulhadas as personagens femininas, subjugando-as a uma constante acuidade reflexiva sobre os seus próprios desejos e intenções, o que as torna constantes espectadoras de si mesmas.

Estamos bem longe da ilusão romântica do desejo espontâneo, da aspiração imaculada e da autonomia do sujeito enquanto Eu. Essas personagens femininas são personalidades fraturadas, divididas — "um feixe de Eus disparatados"[18] —, que se surpreendem por estarem existindo e que não contam com o abrigo acolhedor da certeza de uma identidade. Buscam a si mesmas no que quer que busquem. Ou se desconhecem e se estranham, o Ego convertido em Alter, o circuito da consciência reflexiva interrompido por um momento de êxtase que lhes desorganiza a individualidade. Assim, em "Amor", esse conto exemplar, Ana, uma tranquila dona de casa, sentindo a vertigem do Outro ao olhar para o cego que masca chiclete, desliga-se da realidade cotidiana, e depois, sob o impacto da náusea, cai num estado de alheamento que a esvazia por instantes de sua vida pessoal, a contemplar os troncos das árvores no Jardim Botânico: "Os troncos eram percorridos por parasitas folhudos, o abraço era

18 Hermann Hesse. *Le loup des steppes*, XII, XXII: "Traité du Loup des steppes".

macio, colado. Como a repulsa que precedesse uma entrega — era fascinante, a mulher tinha nojo e era fascinante"[19].

Essa fascinação pelo envultamento da náusea sobre o corpo alienando a alma tem a sua contrapartida na contemplação extática — descortino emocional de um mundo cru, não humano e silencioso, ao mesmo tempo limite da narrativa à beira do inenarrável.

III

A paixão segundo G.H. é a história de uma fascinação deste tipo. Presumo que se conhece o incidente doméstico, trivial, motivador desse romance que tem estilo de um relato confessional. Nele, narradora e personagem se confundem, ligadas entre si pelas iniciais de indecifrado onomástico, G.H.: moradora de um apartamento de cobertura, e, como Ana do conto "Amor", com uma vida plácida, arrumada, ela é tomada pro um sentimento de estranheza ao entrar no quarto desocupado de empregada, onde, num ímpeto de medo e ódio, esmaga de encontro à porta de um guarda-roupa uma barata que a olhava. E olhando a sua vítima inerme, sob o fascínio do inseto que a re-

19 Clarice Lispector. *Laços de família,* ed. cit., pp. 28-29.

pugna e a atrai, sobrevém-lhe, com o espasmo de uma náusea seca, o transe de que o romance é a confissão tumultuosa dirigida a uma segunda pessoa, a um interlocutor "fingido" que lhe segura as mãos:

> Toma o que eu vi: pois o que eu via com um constrangimento tão penoso e tão espantado e tão inocente, o que eu via era a vida me olhando. Como chamar de outro modo aquilo horrível e cru, matéria-prima e plasma seco, que ali estava, enquanto eu recuava para dentro de mim em náusea seca, eu caindo séculos e séculos dentro de uma lama — era lama, e nem sequer lama já seca, mas lama ainda úmida e ainda viva, era uma lama onde se remexiam com lentidão insuportável as raízes de minha identidade[20].

Essa imagem de seu alheamento na contemplação extática da barata, como se possuída por um agente exterior, demoníaco, conduz ao desapossamento sacrificial da identidade da personagem narradora — à perda do Eu:

---

20 Clarice Lispector. *A paixão segundo G.H.* Rio de Janeiro: Editora do Autor, 1964, p. 57.

> É uma metamorfose em que eu perco tudo o
> que eu tinha, e o que eu tinha era eu — só te-
> nho o que eu sou. E agora o que sou? Sou: estar
> de pé diante de um susto. Sou: o que vi[21].

Desmorona-se o sistema social, desorganiza-se a engrenagem psicológica, desfaz-se a inserção no cotidiano que lhe assegurava a estabilidade agregativa de um Eu como máscara postiça, reconhecida pelos Outros; a metamorfose equivale a uma volta às origens ancestrais, não humanas de sua identidade.

O relato desse transe ao qual se entremeia a compreensão que G.H. vai tendo de si mesma, à medida que interpreta a sua experiência — uma experiência já passada e por isso narrável —, é como que uma transposição da *via mística* se não for a sua réplica parodística.

Refiro-me ao misticismo *stricto sensu*, diferente da piedade religiosa, que se desenvolveu em todas as culturas segundo padrões distintos e, às vezes, à margem da religião institucionalizada: o caminho individual de acesso, por meio de uma experiência prática de desprendimento da individualidade, ao todo, ao cerne do real ou à divindade. Acesso que é tanto co-

21 Idem, ibidem, p. 67.

nhecimento extraintelectual, contemplativo, quanto união e liberação. União amorosa para os cristãos, na base da crença de um deus pessoal, liberação bramânica da verdadeira natureza divina do homem e liberação budista da existência ilusória.

Em *A paixão segundo G.H.* a volta à origem concretiza-se como união com o Outro não humano, união ritualmente consumada: G.H. põe a barata na boca, comungando-a. A escala dos sentimentos contrários que acompanham o transe — amor e ódio, desespero e esperança, alegria e dor — nos é apresentada como uma trajetória espiritual através de figuras teológicas e religiosas: santidade e pecado, salvação e danação, pureza, inferno e paraíso. Repulsiva e atraente, ominosa e numinosa, a barata assume as proporções de uma teofania; é um *númen*, uma forma primitiva, interdita, do sagrado. "Eu fizera o ato proibido de tocar no que é imundo"[22].

A trajetória espiritual adere a esse fundo arcaico. O romance é uma descida ao subsolo ancestral dos sentimentos e paixões. Daí a singularidade de *A paixão segundo G.H.*, que imprime a essa ficção um cunho de experiência vivida. Como bem observou Luiz Costa Lima, a trajetória de G.H. recusa-se a ser encerrada no

22 Idem, ibidem, p. 72.

ficcional[23]. Nem podemos retirá-la da literatura sem integrá-la completamente nela. Mas também muito menos aceitável seria incluir esse romance no rol dos escritos propriamente místicos, isto é, entre obras espirituais de finalidade edificante ou anagógica, com as quais, entretanto, apresenta estreito parentesco quanto a imagens, metáforas e figuras utilizadas para descrever e interpretar o transe.

De qualquer maneira, G.H. passa pelos estados contraditórios — o sofrimento gozoso, o "horrível mal-estar feliz", o abrasamento consolador, a repulsa e a atração da união mística. Mas a sua experiência, menos cristã e mais pagã, espelha o caráter orgiástico de um misticismo primitivo:

> Eu entrara na orgia do Sabah. Agora sei o que se faz no escuro das montanhas em noites de orgia. Eu sei com horror; gozam-se as coisas. Flui-se a coisa de que são feitas as coisas[24].

Não é ao deus transcendente, cristão, a quem ela se une. Essa orgia como que recupera o substrato da *mania*, da loucura divina; no envolvimento do transe,

---

23 Luiz Costa Lima. "A mística ao revés de Clarice Lispector". Em *Por que literatura?* Petrópolis: Vozes, 1966, p. 123.
24 Clarice Lispector. *A paixão segundo G.H.*, ed. cit., p. 108.

reaparece, sob o aspecto de potência infernal, a ação expansiva, invasora, do *eros* reprimido:

> O inferno é o meu máximo. Eu estava em pleno seio de uma indiferença que é quieta e alerta. E no seio de um indiferente amor, de um indiferente sono acordado, de uma dor indiferente. De um Deus que, se eu amava, não compreendia o que ele queria de mim. Sei, Ele queria que eu fosse o seu igual, e que a Ele me igualasse por um amor de que eu não era capaz. [...] Ele queria que eu fosse com ele o mundo. Ele queria minha divindade humana, e isso tivera que começar por um despojamento inicial do humano construído [...]
>
> O inferno pelo qual eu passar — como te dizer? — fora o inferno que vem do amor. Ah, as pessoas põem a ideia de pecado em sexo. Mas como é inocente e infantil esse pecado. O inferno mesmo é o do amor. Amor é experiência de um perigo de um pecado maior — é a experiência da lama e da degradação e da alegria pior. Sexo é o susto de uma criança[25].

25 Idem, ibidem, p. 127.

O amor erótico apaga as diferenças, ultrapassa as barreiras da individualidade:

> Entendia eu que aquilo que eu experimentara, aquele núcleo de capacidade infernal, era o que se chama de amor? Mas — amor-neutro? Amor neutro. O neutro soprava. Eu estava atingido o que havia procurado a vida toda: aquilo que é a identidade mais última e que eu havia chamado de inexpressivo[26].

Mas o sacrifício da individualidade, como no ritual pagão dionisíaco, é uma provação.

> Provação: significa que a vida está me provando. Mas provação: significa também que eu estou provando. E provar pode se transformar numa sede cada vez mais insaciável[27].

E a vida que ela prova e que a está provando é o que ela chama de o *Deus* — e não simplesmente Deus —, o Deus imanente à vida (em textos posteriores, Clarice Lispector mencionou-o como *it*, pronome neutro, tão impessoal quanto o *id* freudiano). Inver-

26 Idem, ibidem, pp. 133-134.
27 Idem, ibidem, p. 131.

te-se o curso ascensional do *eros*, atraído pela beleza, tal como foi concebido por Platão; em vez de subir às esferas mais altas, o amor se dessublima para aquém da consciência.

> Ah, a violenta inconsciência amorosa do que existe ultrapassa a possibilidade de minha consciência. Tenho medo de tanta matéria — a matéria vibra de atenção, vibra de processo, vibra de atualidade inerente. O que existe bate em ondas fortes contra o grão inquebrantável que sou [...][28]

As paixões se desnudam numa só paixão: a *via crucis* do amor que leva ao sofrimento, o sofrimento que leva à alegria e de novo ao amor. Ao perder a sua identidade pessoal, ao ser despojada do Eu, G.H. descortina, por fim, o puro fato de existir como a fonte de todas as paixões:

> Só então minha natureza é aceita, aceita com o seu suplício espantado, onde a dor não é alguma coisa que nos acontece, mas o que somos. E é aceita a nossa condição como a única

28 Idem, ibidem, pp. 139-140.

possível, já que ela é o que existe, e não outra.
E já que vivê-la é a nossa paixão. A condição
humana é a paixão de Cristo[29].

A narrativa, que se efetua como uma desindividualização da própria narradora, chega ao limite da criação romanesca; a sua falta de identidade põe em suspenso a identidade mesma da narrativa. É que o *eros* dominador também mobiliza a escrita da paixão, escrita corporal para o corpo da segunda pessoa, do interlocutor em que a narradora se ampara. E aí encontramos uma outra espécie de paixão que se controverte na primeira — o *pathos* mesmo da escrita, surdindo, velado, inconsciente, e que tende a exprimir o inexprimível. Pois que a trajetória mística de G.H. passa pela *via crucis* da linguagem, pelo gozoso padecimento de ter que buscar a forma para expressar o neutro, o cru, o não humano, a existência, o ser.

A linguagem é o meu esforço humano. Por
destino tenho que ir buscar e por destino volto
com as mãos vazias. Mas — volto com o indizível. O indizível só me poderá ser dado através
do fracasso de minha linguagem. Só quando

29 Idem, ibidem, p. 177.

falha a construção, é que obtenho o que ela não conseguiu[30].

Eis o *pathos* da escrita como um padecimento de sujeição ao sagrado, ao inconsciente amor que atravessa a vida.

Do ponto de vista da paixão da escrita, pode ser esboçado um paralelo de *A paixão segundo G.H.* com uma obra que significa seu extremo oposto no universo literário: *Grande sertão: veredas,* de Guimarães Rosa. Os dois textos incidem no tema do erotismo; o de Guimarães Rosa combina-o porém com o amor no sentido do *Ágape* e da *charitas* cristãos. A busca de Deus por Riobaldo realiza-se como aventura humana numa forma épica de narrativa; e o romanesco alimentado por um mito — o pacto com o Diabo — que se incorpora à ação, sobrepõe-se ao místico. Ali, em *A paixão segundo G.H.*, o romanesco alimentado pela introspecção vertiginosa, pelo embate dos sentimentos opostos, se alia ao místico. Em *Grande sertão: veredas*, o sagrado se desvenda por diferentes amores em conflito — o amor de Riobaldo a Diadorim e a Otacília. No romance de Clarice Lispector um só amor conflitivo desvenda o *sagrado*.

30 Idem, ibidem, p. 178.

De resto, a paixão de Riobaldo não é a de Guimarães Rosa, mas, sob a paixão de G.H., estremece, transfundida, a paixão de Clarice Lispector.

Os dois livros poderão ingressar, por diferentes caminhos, na história patética do romance, porque ambos proporcionam ao leitor, comovendo-o, "momentos de verdade". Mas *A paixão segundo G.H.* nela entraria porque conseguiu resolver os mais remotos veios do *pathos* e uni-lo à sedução e ao fascínio da escrita, ao seu *pouvoir aimant du amoureux* — a expressão é de Roland Barthes[31] —, poder amante, magnético, e amoroso, compassivo.

Pode-se acrescentar esse adjetivo — *compassivo* — porque *A paixão segundo G.H.* ultimar-se-á em *A hora da estrela* na identificação da narradora com Macabéa. *A hora da estrela* é o prolongamento daquele capítulo inédito da história do romance como retorno do místico ao ético. Nesse novo "momento de verdade", a paixão de Clarice Lispector torna-se compaixão; o *pathos* solitário converte-se em *simpatia* como forma de padecimento comum, unindo, até o extremo da morte *in extremis,* a narradora com a moça anônima nordestina.

---

31 Barthes. *Le bruissement de la langue,* ed. cit., pp. 323-324.

o que está acontecendo com a literatura hoje

Clarice Lispector entrevista **Benedito Nunes**

— Antes de mais nada, devo esclarecer que não conhecia Benedito Nunes antes de ele ter escrito um livro sobre meus trabalhos. Só o tinha visto por dois minutos — o tempo de dizer "muito prazer" e "até logo" — no meio de muita gente por ocasião do casamento de Eliane Zaguri. Ele não me disse então que acabara de escrever o livro sobre mim. Tímido ele, tímida eu. Não houve portanto "influência", não houve nada que de mim o levasse a escrever sobre minha obra.

Mas, recentemente, estive em Belém do Pará e agora, sim, gostamos um do outro. Fiquei surpreendida quando ele me disse que sofreu muito ao escrever sobre mim. Minha opinião é que ele sofreu porque é mais artista que crítico: ele me viveu e se viveu nesse livro. O livro não me elogia, só interpreta profundamente.

Dito isso, passemos às perguntas e às respostas:

1. O que está ocorrendo com a literatura brasileira, hoje?

— À primeira vista, talvez se pudesse assinalar a existência de um contraste entre a plenitude da crítica, munida de métodos para a análise e a compreensão da literatura, e a escassez da criação literária. Dir-se-ia que ainda estamos vivendo à sombra das grandes obras — daquelas que surgiram ou se avolumaram na década de 1950, como as de Guimarães Rosa (Grandes sertão: veredas, 1956), de João Cabral de Melo Neto (Duas águas, 1956) e de Clarice Lispector (em cresciemnto com os contos precursores de Laços de família, 1960) — e que ainda dependemos do impacto então causado pelas proposições vanguardistas, num período durante o qual a renovação da crítica, que atingiu o campo da poesia, para onde toda uma perspectiva estética foi transportada, beneficiou-se do elevado nível de jornalismo literário, cuja decadência se precipitou na década seguinte, e que servia de veículo normal tanto à informação útil e sintética da resenha quanto à investigação laboriosa e analítica do ensaio. A consciência excessiva da literatura, de que o nosso atual vigor e rigor críticos são o termômetro, corresponderia a um sintoma de esfriamento, de recesso de criação literária...

Mas se o sintoma é verdadeiro, qual o diagnóstico?

Pode-se falar de escassez da criação literária, quando bons escritores, entre romancista, contistas e poetas entraram em cena depois daquele período, e continuam, contrariando a tendência predominante desfavorável aos autores novos, do mercado editorial, a surgir aqui e ali? Pouco importa que tenhamos hoje, ao contrário do que antes sucedia, mais contistas do que romancistas e mais romancistas do que poetas. A simples existência de alguns produtores qualificados, ainda que em reduzido número para um país tão grande, não autoriza ninguém a falar num estado de penúria das letras ou de misérias da literatura. E assim o contraste que assinalamos no início cai por terra. Estranhamente, porém, a ideia de escassez persiste de um ponto de vista mais amplo, como presunção razoável, se não como índice de negações conjugadas, que reduzem e reprimem, liminar e conjuntamente, por motivo de uma falta e por efeito de um bloqueio, as potencialidades da crítica e da criação. A falta ou a precariedade dos meios de difusão — o suplemento literário, a revista e o livro — limitam e obstruem o processo de circulação da mercadoria intelectual, prejudicando, de saída, qualquer tentativa de contabilidade dos valores artísticos e literários reais. Como efetuar um justo balanço desses valores, se os canais que deveriam veiculá-los funcionam muito mal quando por acaso existem? À falta e à precariedade desses canais, acrescente-se o efeito da censura, sistemática e onímoda, bem maior como força antecipada de bloqueio, agindo sobre os espíritos.

O que está ocorrendo hoje com a literatura brasileira é o risco, enorme, por que passa a cultura brasileira toda, de recessão do espírito crítico e de sacrifício da espontaneidade criadora.

2. Que tem a ver o Modernismo com a cultura brasileira?

— Mais do que um capítulo da história literária, o Modernismo, iniciado em 1922, tornou-se uma dimensão da cultura brasileira, e ainda é uma de suas potencialidades. É claro que a Semana de Arte Moderna foi o nome de uma festa transformado no mito de uma rebeldia intelectual. Teve porém a força de um mito liberador, que levou a uma ação consequente, e que serviu para mantê-la. Se a festa ocorreu como réplica brasileira das soirées futuristas na Itália e das manifestações dadaístas em Paris, o mito proporcionou o antecedente histórico, o marco inicial com que a geração de 1922 expressou a consciência de uma ruptura e se autorizou a aprofundá-la.

Esse aprofundamento foi radical em muitos sentidos: radical porque traduziu uma nova atitude, quer em relação à literatura, quer em relação ao conjunto das artes e dos nossos valores culturais; e radical também porque procurou abranger as raízes históricas da cultura nacional, mas com um suficiente distanciamento crítico — e com uma certa acuidade sociológica — que o nosso romantismo não pudera ter. Junte-se a isso uma concepção amável, irônica, cordial, dos valores éticos e espirituais da nossa formação histórica; junte-se, mais ainda, o senso de humor e teremos, sem esquecer o antiufanismo e o apreço à diversidade regional, bem como aos elementos primitivos ou etnográficos, rurais e populares do país, o vínculo maior entre o modernismo e a cultura brasileira.

3. Acha que o nosso modernismo deveu muito ao influxo de correntes estrangeiras, tais como o futurismo e o dadaísmo, para citarmos as duas que você já referiu?

— O nosso modernismo não foi apenas um receptor, um captador dessas correntes. Além disso será preciso pensar o que elas representaram. Futurismo, dadaísmo, expressionismo, cubismo e surrealismo não são mais puras correntes literárias ou artísticas, mansamente confluindo e aumentando, por acréscimo, os terrenos da literatura e da arte. Já são pontos de ruptura da tradição literária e artística. Nesses movimentos do primeiro quarto do século, a literatura e a arte alcançaram aquela consciência de sua condição problemática em nosso tempo, que o romantismo prenunciou, e que vai fixar-se, desde então, no espírito inquieto e anticonformista das vanguardas, que as acompanha e impulsiona. Espírito de vanguarda, sim, mas retirando-se da expressão "vanguarda" as conotações otimista (o inevitável progressismo nas artes e nas letras) e pessimista (o fracasso da incomunicabilidade decorrente do rompimento dos sistemas tradicionais), que a interpretação dessa palavra comumente suscita. Fenômeno muito mais amplo, que engloba e ultrapassa as posições programáticas e as atitudes de experimentalismo de laboratório, a vanguarda é o estado irredento da literatura na sociedade tecnocrática e massificada dos nossos dias. O nosso modernismo introduziu-se nesse estado, ao assimilar os movimentos do início do século, ao sintonizar-se com eles.

4. Mas não foi o modernismo todo que marchou alentado por esse espírito vanguardista. Houve o Pau-Brasil e houve a antropofagia... No entanto, sob a mesma rubrica do modernismo, encontramos o verde-amarelismo e até o espiritualismo de Festa. Terá havido, do ponto de vista da renovação ou da renovação literárias, uma estética modernista?

— Na medida em que no modernismo, como processo histórico-cultural, realizou-se a assimilação das ideias, dos procedimentos e das técnicas veiculadas pelas correntes do começo do século antes apontadas, foi que se definiu uma perspectiva estética central de que se afastaram ou se aproximaram, durante o período crítico desse movimento — de 1922 a 1930 — as diversas tendências que o individualizaram. Para resumir: essa perspectiva estética central elaborou-se, fundamentalmente, entre 1922 e 1928 nas obras de Mário e de Oswald de Andrade, num trajeto que vai de Pauliceia desvairada e seu "Prefácio interessantíssimo" a Macunaíma, e do livro de poesia Pau Brasil e seu Manifesto precursor a Serafim Ponte Grande. Do mesmo modo que não vejo razão para separar Oswald de Mário, quanto ao papel que tiveram na elaboração dessa perspectiva estética central, em que condensou, além do propriamente moderno do nosso modernismo, o ponto de ruptura por ele operado com o decoro, com o estoque de formas tradicionais e com a própria função da literatura, também não vejo por que ligar a semelhante perspectiva, que comportou um esquema interpretativo da cultura brasileira, o esteticismo nacionalista de Graça Aranha, o verde-amarelismo e o espiritualismo da Festa.

5. Você muito se ocupou da antropofagia de Oswald de Andrade, estudando a tese ("A crise da filosofia messiânica") e os escritos filosóficos do autor de Serafim Ponte Grande. Atribui valor a esse pensamento antropofágico?

— Considero de suma importância o Manifesto Antropófago de 1928. No seu estilo "telegráfico", esse documento — no qual a antropofagia ritual comparece como metáfora da imolação dos entraves da autonomia intelectual, como diagnóstico dos mecanismos repressivos de uma sociedade de origem colonial, e ainda como terapêutica, pela catarse do imaginário desrecalcado (o humor de Serafim Ponte Grande e a saga de Macunaíma) — trouxe, para o âmbito do modernismo, ao mesmo tempo que a valorização do mito e da utopia, a crítica da cultura. Numa fase tardia, já fora do modernismo, Oswald de Andrade tentou primeiramente, de acordo com a posição política que assumira desde 1930, combinar antropofagia e marxismo. Mas Oswald nunca se desprendeu inteiramente de seu achado de 1928, e nunca foi um ortodoxo e falangiário. Ao se opor criticamente ao marxismo, na década de 1950, ele quis então reelaborar, em escritos como "A crise da filosofia messiânica", "O homem cordial" e "A marcha das utopias", sob a forma de uma visão de mundo, a antropofagia que permanecera latente na sua maneira de ser e de pensar. Tais escritos exigem uma dupla leitura literária e filosófica. Não se procurem neles o encadeamento das ideias, o discurso corrente e o sistematismo. São páginas afeitas, páginas de devoração intelectual, que valem menos pelas generalizações a que chegam do que pelas intuições que encerram. Estou convencido de que muitas dessas intuições de Oswald de Andrade — a significação política da Utopia, o suporte ideológico do Messianismo, o novo "tribalismo" da sociedade de massas, a possível conciliação do princípio do prazer com o princípio de realidade (Marcuse avant la lettre), e a conquista social do ócio — anteciparam os principais tópicos da atual crítica da sociedade e da cultura, e prenunciaram a depuração antiestatista da filosofia política.

6. Voltemos agora à plenitude da crítica que você admitiu hipoteticamente. Não considera que essa plenitude, se existe, é uma exacerbação ou uma hipertrofia da própria crítica?

— A crítica se acha vinculada ao estado da literatura tanto quanto o estado da literatura se acha vinculado ao pensamento e a condições culturais e históricas determinadas. Uma literatura acentuadamente crítica e reflexiva como a do nosso tempo pede o refinamento e a agudeza do instrumental crítico. As mudanças dos padrões literários tanto quanto as mudanças dos padrões da crítica dependem, por sua vez, de uma série de mutações conceptuais no conjunto do pensamento teórico e da prática. É dentro de um mesmo contexto que se projeta o isolamento da linguagem literária (a literalidade), que surge o problema da significação através da fenomenologia, e que produz a ideia da língua como sistema de signos, trazendo a ascendência da Linguística. Concomitantemente, nos bastidores dessa cena histórico-cultural, a crise da metafísica se declara; a noção de estrutura entrará em jogo nas ciências humanas, e os movimentos literários e artísticos aparecem marcados pelo espírito da vanguarda.

Todos esses aspectos de um mesmo contexto cultural têm que ser levados em conta para situarmos quer a literatura, quer a crítica. Quanto mais a literatura, como objeto teórico, obriga-nos a pensar os domínios interligados da Linguística, da Antropologia e da Psicanálise, mais se acentua a preocupação metodológica da crítica. Mas não se trata só do trabalho de estabelecimento dos novos métodos. A crítica de hoje está empenhada em discutir o alcance epistemológico desses métodos, à medida que os vai elaborando. É uma crítica inquieta à procura de conceitos, e ainda mal instalada naqueles que já conquistou — uma crítica infeliz, em suma, que acompanha, com o novo modo de ser da literatura, a mudança conceptual de maior amplitude que se opera nas bases do regime do saber em nossa época.

Existe, sem dúvida, no meio de tudo isso, em casos individuais, a superafetação do instrumental crítico, contaminado pelo jargão e pela "avidez de novidades". Mas tais casos ficam à margem do sentido fundamental do fenômeno. A literatura pertence cada vez mais ao domínio do pensamento, e o problema da crítica literária leva-nos, afinal, ao encontro de toda uma cerrada problemática filosófica.

7. Assim, entende você que entre literatura e filosofia haverá um novo tipo de relacionamento que resta a definir...

— A literatura pertence cada vez mais ao domínio do pensamento. Há um poiesis comum, que se reparte entre ela e a filosofia. Do mesmo modo que a fotografia infletiu a direção das chamadas artes representativas, e que os meios de reprodução técnica das imagens permitiram multiplicar as técnicas de evasão e de fantasia sonhadora, a linguagem estereotipada, com a sua retórica de consumo, levou ao aprofundamento do medium linguístico, e provocou o revide do imaginário. A literatura tornou-se então um meio de contrastação dos nossos valores fáusticos, uma fortaleza reflexiva, uma dimensão da intersubjetividade, um ponto de refluxo do "pensamento selvagem". O "prazer do texto" tornou-se uma fruição de conhecimento. E para o verdadeiro escritor o ato de escrever vale por uma maiêutica e por uma ética do comportamento verbal, do uso que faz da língua, do destino que confere à linguagem. A justiça do mundo — o seu processo global — agora se constitui não perante a "história universal", como pensava Hegel, mas na literatura, que revela o homem a si mesmo, que o desnuda, e que se constitui nas suas mais altas instâncias, como afirmação do sentimento trágico, como descida dos abismos, como promessa de renovação da vida, como domínio utópico das possibilidades humanas. Quando não, uma "topologia do ser"...

Depois que Nietzsche vislumbrou a natureza artística dos sistemas filosóficos, e que Heidegger, depois de Nietzsche, mostrou a natureza formadora, interpretativa e já poética da linguagem, a filosofia revelou-nos a sua retórica, os seus apoios linguísticos e os traços que a distinguem como uma certa espécie de criação verbal.

8. Mas qual nesse caso a situação da Filosofia? Uma sobrevivência? Um anacronismo?

— A Filosofia é uma espécie de sobrevivente. Ela sobrevive ao desabamento dos "grandes sistemas" e subsiste como um discurso que se sabe precário e incompleto, na orla de outros discursos — o científico, o religioso, o literário e o ideológico —, com os quais entretanto não se confunde. O seu espaço, o espaço do híbrido e impuro discurso filosófico, que visa a uma contínua depuração crítica, é um espaço interdisciplinar e atópico, de onde se pode questionar o saber constituído; mas também porque esse questionamento se entende aos sistemas de valores e às ideologias, a filosofia se manifesta por uma propensão utópica, no melhor sentido dessa palavra, que abrange o político, ao mesmo tempo que rejeita os encargos missionários e messiânicos.

São poucas e essenciais as certezas que sustentam o trabalho filosófico: a historicidade do pensamento, o a priori da linguagem, que condiciona e delimita o alcance do conhecimento, e a posição situada de quem pensa e conhece, jamais a cavaleiro do seu tempo e da sua época. Atualmente, situa-se o filósofo no meio de categorias em crise, isto é, categorias cuja vigência efetiva se encontra em estado de suspensão histórica. São as categorias da metafísica, eixo do pensamento ocidental, e às quais não podemos aderir sem o prévio reconhecimento da função hermenêutica que desempenharam. Enfim, a atividade do filósofo é crônica e não anacrônica; crônica porque insistente, e crônica, ainda, porque assume a essencial temporalidade do pensamento, temporalidade que hoje se manifesta de maneira mais concreta, para aproveitarmos o famoso dito de Wittgenstein, na luta contra o enfeitiçamento e contra o fechamento das formas de discurso. Mas desse ponto de vista, que lhe impõe como primeira obrigação manter a reflexão crítica em aberto, a filosofia poderá parecer um anacronismo...

CaDeRNOS ULTRaMaRes